I0158253

Ralph Danton

Estate Tropeziana

Mnamon

Tornando a vederli
i fiori di ciliegio, la sera,
son divenuti frutti.

Yosa Buson

E l'amore guardò il tempo e rise, per-
ché sapeva di non averne bisogno. Fin-
se di morire per un giorno, e di rifiorire
alla sera, senza leggi da rispettare. Si ad-
dormentò in un angolo di cuore per un
tempo che non esisteva. Fuggì senza al-
lontanarsi, ritornò senza essere partito, il
tempo moriva e lui restava.

Luigi Pirandello

Sentivo di sbagliare, ma non riuscivo a fare
altrimenti.

Haruki Murakami

Al Lettore

Nella solitudine dell'essere, le parole, ecco, queste
dell'estate 2013 a Saint Tropez,
in agonia sul linguaggio della tribù, in consunzione
su paesaggi del tempo,
eccole espiare il penoso
vuoto del vivere, la miseria e lo splendore delle cose, l'elabo-
razione metafisica che si fa supplica per il terrore del nulla.
E frammenti di linguaggio che cercano le cose sono
queste parole come fili di chiodi, sinopie misteriose.
Che fanno piaga sulle fiamme cerebrali di una cultura roven-
te, nell'ottica sconvolta del sogno.
Questi latibuli dell'anima, fuochi sprofondanti nelle me-
dullae fisiologiche, ti siano, o lettore, fuori dalle menzogne
umane, fregi d'immagine, nugae del simbolo, figure di figu-
ra.

Ralph Danton

Presentazione

Estate Tropeziana esprime una vita sparsa qua e là,
come se ci fossero tutti questi pezzetti di carta e qualcuno
avesse acceso il ventilatore.
Poesie fatte di ormoni, di chimica, un salto fuori dal cerchio,
la vera natura che si svela, la paura di se stessi, la tragicità di
perdere qualcuno.
Una poesia seduta in ultima fila con la forza dello sguardo
davanti alla vita a scommettere su quanto durerà.
Una poesia che si stende ogni notte accanto all'anima e le
chiede che lo spettacolo abbia inizio.
Una poesia adolescente che ha due vite, una semplice ed
ordinaria, e l'altra che si nasconde ai genitori.

Ralph Danton

Mi tenevi vivo al mondo

A Diego

Mi tenevi vivo al mondo
Hai mangiato?
Si ma non ricordo.
In ginocchio voglioso d'amore
Di vento, d'angoscia, di sole,
memoria nella gola
di detenere la terra a piedi nudi.
Un passo è matrice grazia.
Angelo segreto che canti al passato i cieli dell'inferno.
Riguardo la mia foresta come una ninfa verso il cadere sotto il freddo.

Nel grembo dei pini

Ossa fisse della terra
Nulla con le mani
Nella polvere delle donne.
Bimbo del sesso dolcissimo,
che fosti tolto dall'aurora nelle estati d'aprile.

La verginità dei pini con il capo all'indietro
Oltraggiato sopra i cieli
Non perdonerò per aver concepito un incendio.

La ragazza di Berlino est

Donna impetuosa
Ed era già ombra sul rilievo dell'opinione.
Alba ferita in un momento adolescente.
Ramo retto dietro all'altare.
Alloro nei mocassini.

Tornerai da me

Come farfalla fra le reti povere bucate,
indossavi la vita scoperto sul tuo declino
sofferta noia
diverso sussulto sull'acqua
cuore cucciolo di insetto.

Cortile emarginato

Rapida mano di un destino,
dopo anni buttati
nella buca del morire
conclude il senso maledetto
del sapere come la tua voce in un teatro si vergogni.
candore di peccato.

Violini impiccati

Che pietre volino insieme ai vecchi peccati,
s'impicca la ragione strapazzato come un delitto,
lasciami agli spaventi dell'avventura.
Parete della primavera negli occhi carichi d'inganno.
Tace il capello, misura gioiosa, sei fumato sull'avvenire,
cuore che paga la fortuna,
fango libero nella calura di un addio.
Gli avvocati vanno a fare la legna sempre in boschi cattivi.

Coccodrillo alla frontiera

Sconvolto dall'inferno,
ricordami la calunnia,
coraggio che si spense

Mi manchi nelle curve del silenzio

L'assenza è retta all'infini
to
È grande e la colora,
come quando mi spegnevi a sera sui tuoi fianchi,
il mio fiato scompone
racconto di quel cielo che ha espansione
sono la jena, io il mio male lo conservo gelosamente per
capire la follia.
Il pensiero della vergogna fino all'usura del vento.

Altrui perciò

Volgeva il pugno di coscienza,
tradito.
Mi perdoni la speranza.
Giovane e bella devastata come una regina
Che rimase senza l'argento.
Come bufalo stanco
Disegno gli uomini impossibili.

Le stelle tra i piedi

A Enrico

Mollica di stelle come muta di cani,
confusi del tutto,
mondo non mio
si toglie la giacca la luna,
io ero per tutti i fiori
ero un taglio vibrato.
Ragazzo che piangi la solitudine di una bambina.

"Non mi ricordare il paradiso"

Alda Merini a Ralph Danton, 2007

da *Visite private*

Se sei giovane ti voglio, se sei vecchio non mi
ricordare il paradiso.
Che cosa desiderate io non sono nulla,
ma no non dovevate disturbarvi.
Fra i piedi ho rondini,
Sulle mura numeri,
Sulla volontà di Dio preparo il pane del giorno.

Profonde braccia su cui nevicare

Erba ardente sulle lenzuola.
Giovane leggero, amante del sonno,
bugiarda principessa che squilli verso il tuo vento.
Gioco dentro l'arroganza, fresco di mattino,
sul sangue, sui fiori, sulla mia resa.
Che si canti in faccia al nemico,
mani che non hanno seminato nulla,
canto sotto all'acqua l'indifferenza.
Lasciami demolire il limite.

Di

Di terra, di campagna, di corpo,
di niente, di valanga, di potenza, di metempsicosi
di coraggio, di purezza, di verde, di rugiada,
di conchiglia, di poeta, di inguine sporco, di
malizia, di caldi tropicali, di amaca, di purosangue,
di un giorno, di gioia,
di volpe.

Paura di piangere

Dentro la notte del non capisco,
pazzia di un fazzoletto d'amore immondo di spine
spazio verso la faccia.
Promesso sposo della confusione.
Oltrepassavi la misura e in pugno avevi interi alveari.
Mi corico su nuvole cariche di Provenza e lieviti spaventa-
to, ti stupirò.

Io voglio

Piccino come cucciolo nato dai miei peccati,
mia giuntura, mio dramma,
ho giustificato il diavolo,
e il corpo nano spicca,
la malattia della guerra,
morte maggiore
profana amica del rigore,
membra stupenda, come lacrime intagliate nel cuore.

Idropisia

Dubiti intero, soave gelosia rapita dalle cose celesti,
sposo di molti uomini, errante cavaliere,
e fatti il segno della croce sugli occhi.
L'acre vanagloria della libidine.
Amiamo
Amiamo il sonno
Schiavo dei disperati,
morrai pietosa mente,
tu non mi decreti,
profonda radice,
sulle onde del tuo sangue perché io non mi possa più co-
noscere.
Promettesti ben poco.

Omeostasi narcisistica

A Chiara

Assente nella primavera
Magnificenza al tuo servizio
Intorno la mia assenza
Paventando l'inverno
Ho provato i grembi resi gravidi dai defunti dicembri.
Narrami la gioia che ancora l'inverno lontano da te gioca.
Carico di decadenza,
ho sgridato le viole insegnando loro la primavera,
l'usignolo sull'inizio dell'estate.

Clessidra

Ora ti amo al massimo
Crescendo mentre l'altro s'allontana,
misurando l'elevatezza di ogni sperduta barca,
al massimo verso le labbra.
Il mio spirito più fedele avvilito dalla tua continua fretta.
Tessuto schiavo.

Recisi per te

Per il cuore da me stesso abbandonato,
bugiardo novizio,
occhio forgiato scalzato,
impazzirei per l'arroganza delle tue frecce,
allo sbando sulla penitenza che delizia i difetti
ed accelera la sensibilità.
Come tu ami gli altri e procrei l'arte
Io divengo sonetto,
una tale bellezza che ha inizio dal lamento.

Marianna vattene

E così fù,
bottiglia contro il soffitto
finestra sopra il ventaglio,
basta crescere
l'osso in ginocchio.

Senza biglietto non si può entrare

Naturalmente troncò col dire categoricamente
Battibaleno.
In cerchio, la fronte asciutta,
bisognava pensare
pelle con pelliccia.
Sulla riva Alice sotto per piacere.
Mi perdoni più bagnata di prima.
Muoversi!
Chiese l'insolenza.
Becco di una rana.
Bianconiglio con insolita lentezza.
Il terreno è il suo ventaglio.
L'equivoco di vetro, senza bussare nel lago
Era cambiato.
Svaniti.
Bevimi immacolata piccina.
Non aveva più spazio per sdraiarsi.

Nella tana del coniglio

Stufa, senza niente.
Meraviglia di coniglio con gli occhi
Di rosa.
Balzò in piedi il cielo del diavolo.
Terzo millennio.
Marmellata d'arance.
L tana dei quadri trattenuti da mollette.
Latitudine.
Alice al centro della terra in bocca.

Un lago di lacrime

Adesso mi sto allungando,
guardo i poveri piedini,
strafare curiosando.
Pazza d'amore,
giardino sui piedi
bianco di capretto.
Taglio di una coda.
Sono la stessa dell'altro mondo,
e comincio a perdere il piacere.
la testa dell'ape dentro la testa.
Il pelo delle lacrime caduto sul castigo.
Topo impietoso offeso a morte.

Disse il ragazzo

Annoiandomi,
pane di morte.
Sfizio.
Bastardo la mia volpe?

Senti è la menta

Sulle risa ammainate, sui pini di settembre
respiravo la tempesta dei sensi e morivo nel deserto Delle
nuvole
Come nasce il verde negli occhi come si spinge forte il do-
lore verso la, al di fuori fuori delle meningi.
Allora mordimi,
Allora sconvolgimi,
Allora trattami come un ultima estate,
E vedo a stento il verso.
Senti è la menta che avvolge il cielo nero che colora il men-
to della ghiaia.
sbadiglia su questi amori contorsi come le ossa della mela.
Amerai milioni di mai
Mai per il mai che è poi un solo andare verso il paradiso
Dell'alcol.

Eccomi ti guardo immobile

E così mi dissi che l'amore era arrivato alla sua fine.
E così mi feci sedere sulla cenere della tua cucina quella
con cui lievitavi il pane ogni giorno.
E hai potuto farmi travolgere dalle urla nelle notti.
E hai potuto farmi diventare straccio e hai potuto ampu-
tarmi gli occhi senza nemmeno farmi capire.
E hai potuto lasciarmi sulla mia sindone umida.
Non ho che ricominciato un volto nuovo più umano.
Distratto, impaurito, mi hai lasciato la paura di esistere.
E se esistere è avere paura oggi ho paura di tutto di ogni
germoglio di ogni larva.
Non ho che accolto le farfalle nel mio ventre.
Non sento più lo spazio
E hai potuto sbranarmi senza toccarmi un ultima volta.

Tocco

Nulla ormai più esiste.
E nella continua inquietudine del mio tempo ti vedo lì se-
reno,
Come se nulla fosse accaduto
Rendendo tutto questo frutto della mia immaginazione.

Capisco

Capisco che solo un altra triste immagine di questa vita,
capisco
Che le emozioni che ho dentro sono la sostanza di cui
Siamo fatti.
Senza respiro
Con una lacrima laterale
Il tempo è passato
Ma non ciò che conduce a te
Lo scrigno dei ricordi è li
E ci passo davanti e non ho il coraggio di fermarmi.
il cuore diventa cristallo e l aria diventa densa.
E li il vuoto, dove tutto si riempie di lacrime.
Le mie emozioni.
Il tuo ricordo.

Solitudine Tropeziana

Fili verticali di sole Tropeziano.
Eh lo senti ti sconvolge la pineta muta di luglio.

Per sentirti verso piramidi di aghi muti

Muori e muori solo contro corteccia mute ed il sole stringe
forte la nervatura delle ossa

Scolora il sole Tropeziano sulla bocca colma di turchese.

Ci ha reso soli

Ci ha reso soli il sole dell'estate
Su chiazze bianche di mare
Su sveglie di pini grigi in silenzio
Come essere corteccia come capire tardi la fine.
E ci si bagna a sera di brezza.
E di bruma leggera
Se ne va il sole se ne va la luce
Si becca e su via verso il cielo
Sipario d'aranciate stelle a forma di gabbiano
E scuoio l'edera e si sarà la pronuncia dell'estate che ci
chiede sangue in prestito
Ti amo ma smetto a sera di dirtelo
In un cuore grigio di ricerca
Si spaventa l'acqua.

Di

Di quanto siamo vivi
Di quanto siamo Amari
Di quanto siamo alari
Di quanto siamo gomma da masticare
Di quanto siano Promenade
Di quanto siamo siamesi

"Era il tempo delle lettere. Planavano come stormi sopra le città di mattina presto. Le buste si bagnavano di pioggia e poi si gonfiavano, fino a diventare scrigni.

Non ti scriverò più perché sarebbe troppo tardi – Arrivo martedì o mercoledì – Avrei un mucchio di cose da raccontarti – Mi sono giunte questa mattina le tue parole – Se mi scrivi, fallo presto, perché la tua lettera non vada poi perduta.

A volte custodivano ciocche di capelli, banconote, rischiando sempre di perdersi, di tornare indietro, con un segno brutale che cancellava il nome del destinatario. Le grafie, i francobolli, le timbrature, talvolta la ceralacca e perfino le macchie di giallo, le gocce di profumo: questo era ciò che le faceva uniche, inconfondibili come volti umani. Gli anni di guerra le avevano rese vitali, preziose come poche cose al mondo: potevano brillare a lungo nelle cucine buie, tenere con il fiato sospeso le madri fino al prossimo segno di vita dei figli.

La vita era anche questo – scrivere lettere, aspettarle."

Compulsione

E raccolgono spine le forbici e tu sussurri il vento a guardare alto su scarpe bianche

E del limone la scorza nera dei diamanti assuefatti dal plagio

In comunione con l'aria temperata di miele al vapore di peltro

Non c'erano sorpassi ma esplicita titubanza verso quel cuore che oggi è intelletto

E non capivi che amavo le pratiche semplici per scorticare una corteccia di pelle.

Puoi la gloria rapite dal torto ma rimane il ricordo come un germoglio acerbo di mattanza sul destro cavallo a cuore corto

Come pelo di lepre o chignon intrecciato di una ragazza al primo ballo di début
E accorsero sfere dal grembo del cielo ed io non sono che timido,

Un nuotatore fra le tue mammelle piatte d uomo cuore di
levriero bianco lucido

Sento la Normandia e assorbo Jean Cap Ferrat.

Germoglio aspro di petto

Osserva quanta memoria sulle nude finestre che d'aria s'ar-
rossano.

Mi nutrì di bellezza il dolore e tu a guardare all'insù
Muso di bambi rosa dal cuore di Patagonia.

Verso l'orsa maggiore in cielo un tripudio di maschere ver-
so napapiry

Verso le tue braccia di mondo
Verso il sole passato a sciogliere scogliere di gennaio

E tu modo di classe a sbilenco su te stesso racconti una
dea che fuggiva come la Nora di Ibsen
Un mare porpora d'acetato.

Muso di corallo, mattino su una ruota panoramica.

Non era che il perfetto e tu non puoi il cancello addossate
al cielo per chiudere fuori le nuvole

Ci saranno estati senza morire al sole ma per commettere
da stanza a stanza il trapassò al cuore della nudità per paga-
re un silenzio di sbagli.

ATTESA DI PRIMAVERA

GIORNO RAGAZZO AZZURRO CHE DEI COLORI
IMPRIMI PRIMAVERA ASSONNATA E CANTANO I
PASSI.

UN CIELO LILLA DI MARZO UN SOSPIRO E VO-
GLIO L ECO DEI TUOI BACI.

Danton feat Pascoli

"gelsomino notturno"

si scoprono i fiori notturni,
nell'ora che penso ai miei mali
Sono apparsi in mezzo ai viburni
le farfalle amare
Da un pezzo tacciono grida
là sola una casa stridula
Sotto l'ali dormono i figli
come gli occhi sotto le briglia
Dai calici aperti si esala
l'odore di fragole rosa
Splende un lume là nella sala.
Nasce l'erba sopra le carcasse
Un'ape sussurra
trovando già prese le celle.
La Chioccetta per l'aia azzurra
va col suo pigolio di stelle.
Per tutta la notte sparge
l'odore che passa sul tempo
Passa il lume su per la scala;
brilla al primo piano: s'è spento…
È l'alba: si chiudono i petali 36
un poco sfioriti, s'implora
dentro l'anima segreta,
non so se sia felicità nuova.

Danton Feat D'Annunzio

La pioggia nel silenzio

Smalto verde sul pettirosso, verde come ago di pino mugo.
Piove acqua marina sulla pineta dove amarono cervi il cuo-
re tuo.
Il Tacere
del bosco non odo
parole che dici
umane; ma odo
parole più nuove
che parlano gocciole e foglie
lontane.
Ascolta. Piove e si muore
Sulle nuvole sparse.
Piove sul tamarindo
salmastro ed arso vivo
piove sulla pineta
Irta.
piove sui lamponi 38
divini,
sulle ginestre madide
di fiori accolti,
sui ginepri chiomati
di coccole amare
piove su i nostri volti
Supini

piove sulle nostre mani
Ruvide di calce.
sui nostri vestiti
sui freschi pentimenti
che l'anima schiude
novella,
La favola bella
che ieri
t'illuse, che oggi m'illude,
o Scorpione

Odi? La pioggia cade
sulla solitaria
verdura amara
come un crepitìo che dura
e varia nell'aria
secondo le fronde
più rade,
ascoltami Risponde
al pianto il canto
delle cicale39
che il pianto australe
non impaura,
né il cielo cinerino.
E il pino
ha un suono, e il mirto
altro suono, e il ginepro
altro ancóra, strumenti
diversi
sotto innumerevoli dita.

E immersi
Nell'aurora boreale
Dei viventi;
e il tuo volto ebro
è molle di pioggia
come una foglia,
Chioma ubbidiente come
le chiare ginestre,
o creatura terrestre
che hai nome
Scorpione

Ascolta, ascolta. L'accordo
delle aeree cicale
a poco a poco
più sordo
si fa sotto il pianto
che cresce;
ma un canto si mescola 40
più roco
che di laggiù sale,
dall'umida ombra remota.
Più sordo e più fioco
s'allenta, si spegne.
Sola una nota
ancora trema, si spegne,
risorge, trema, si spegne.
Non s'ode voce del mare.
Sento su tutta la fronda
crosciare

l'argentea pioggia
che monda,
Lo croscio che varia
secondo la fronda
più folta, meno folta
Ascolta.
La figlia dell'aria
è muta; ma la figlia
del limo lontana,
la rana,
canta nell'ombra più fonda,
chi sa dove, chi sa dove!
E piove su le tue ciglia,
Scorpione

Piove su le tue ciglia nere
sì che piangi al buio 41
ma di piacere; non bianca
ma quasi fatta virente,
pare dalla scorza tu esca.
E tutta la vita è in noi fresca
aulente,
il cuore è come pesca
intatta,
tra le pàlpebre gli occhi come mandorle acerbe.
E corriamo sulla fretta nella fretta

chi sa dove.
E piove su i nostri vólti
Tesi

piove su le nostre mani
Nude scorpione.

RALPH DANTON

Indice

www.ingramcontent.com/pod-product-compliance
Lightning Source LLC
Chambersburg PA
CBHW021943040426
42448CB00008B/1211